W0093256

Elke Rauschenbach

Laubsägearbeiten im Landhausstil

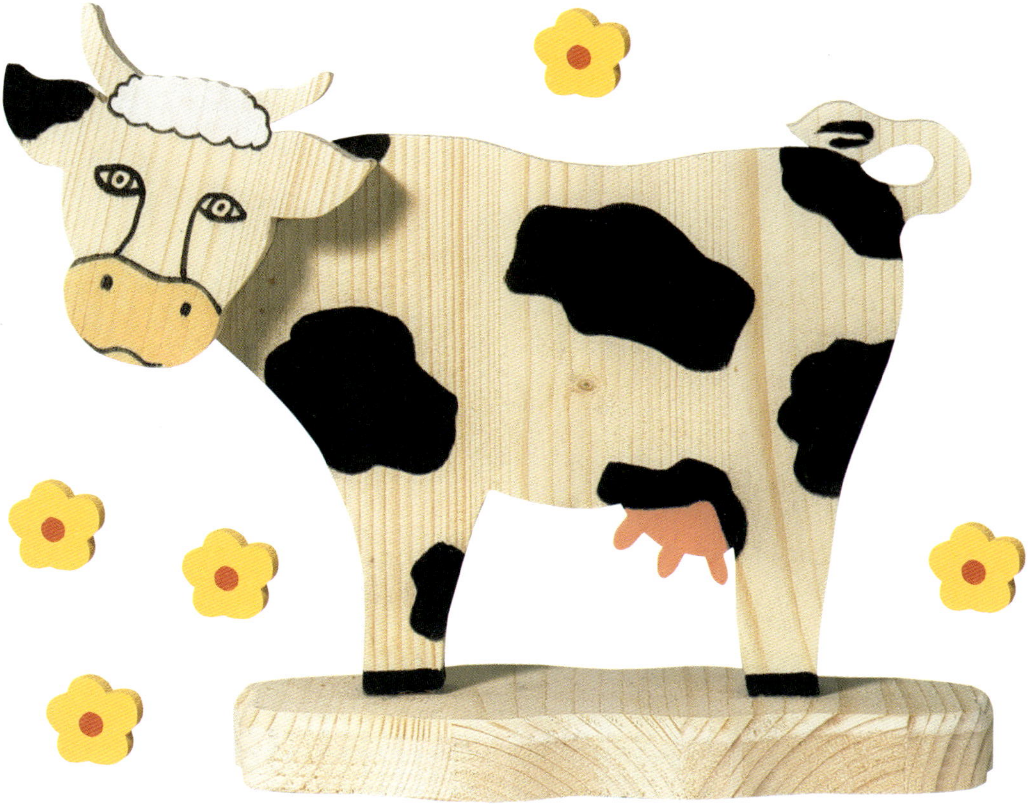

ENGLISCH VERLAG

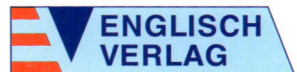

Die Deutsche Bibliothek – CIP-Einheitsaufnahme
Laubsägearbeiten im Landhausstil / Elke Rauschenbach. –
Wiesbaden: Englisch, 2000
ISBN 3-8241-1040-7

© by Englisch Verlag GmbH, Wiesbaden 2000
ISBN 3-8241-1040-7
Alle Rechte vorbehalten. Nachdruck, auch auszugsweise, verboten.
Fotos: Frank Schuppelius
Herstellung: Michael Feuerer
Printed in Spain

Das Werk und seine Vorlagen sind urheberrechtlich geschützt, jede Verwertung oder gewerbliche Nutzung der Vorlagen und Abbildungen ist verboten und nur mit ausdrücklicher Genehmigung des Verlages gestattet. Dies gilt insbesondere für die Nutzung, Vervielfältigung und Speicherung in elektronischen Systemen und auf CDs. Es ist deshalb nicht erlaubt, Abbildungen und Bildvorlagen dieses Buches zu scannen, in elektronischen Systemen oder auf CDs zu speichern oder innerhalb dieser zu manipulieren.

Die Ratschläge in diesem Buch sind von der Autorin und dem Verlag sorgfältig erwogen und geprüft, dennoch kann eine Garantie nicht übernommen werden. Eine Haftung der Autorin bzw. des Verlages und seiner Beauftragten für Personen-, Sach- und Vermögensschäden ist ausgeschlossen.

Inhaltsverzeichnis

Vorwort 5

Material und Werkzeug 6

Grundanleitung 7

Stehfiguren 9
Kuh 9
Hühnerpaar 10
Schafe 11
Gans und Entchen 12
Meister Lampe 14
Hasenhaus 15
Hühner 16
Eierteller 17
Ziegenböckchen 18
Blumenstrauß 19
Gartenhaus 20
Wäschefrau 22

Figuren zum Aufhängen 24
Tulpe 24
Margerite 25
Schmetterling 26
Apfel und Birne 27

Kränze 28
Gänsekranz 28
Hühnerkranz 30

Leuchtfigur 31
Kürbis 31

Vorwort

Der Landhausstil ist die moderne Art, sich das ländliche und bäuerliche Leben in Haus und Wohnung zu holen. Mit natürlichen Materialien wie beispielsweise Holz werden die positiven Seiten des Landlebens sowie Pflanzen und Tiere dargestellt, um ein wenig daran zu erinnern, wie die Menschen früher und heute mit und in der Natur lebten und leben. Die Vorlagen dieses Buches sollen Ihnen Ideen und Anregungen zum Nacharbeiten und Dekorieren geben.
Vielleicht entwickeln Sie ja damit Ihren eigenen Landhausstil, um so im gesamten Wohnbereich ein ländlich-frühlingshaftes Ambiente zu schaffen.

Viel Spaß dabei wünscht Ihnen Ihre
Elke Rauschenbach

Material und Werkzeug

Für die vorgestellten Laubsägearbeiten benötigen Sie folgendes Material und Werkzeug:

✦ Sie benötigen eine Laubsäge mit entsprechenden Sägeblättern oder aber eine Dekupiersäge. Wenn Sie Freude an der Herstellung von Holzteilen haben, sollten Sie sich zum Kauf einer Dekupiersäge entschließen. Dekupiersägen sind mittlerweile in sehr vielen Preislagen im Handel erhältlich. Achten Sie aber von vornherein darauf, dass sie für Ihre Zwecke nicht zu klein gebaut ist. Wenn Sie also auch einmal dickere Teile aussägen wollen, müssen Sie auf die notwendige Motorleistung achten. Wenn Sie viele Teile mit kleinen Innenausschnitten machen möchten, sollte Ihre Säge auch über eine Einspannvorrichtung für Sägeblätter verfügen. Lassen Sie sich am besten vor einem Kauf vom Fachmann beraten.

✦ Sägeblätter: Sie sollten von vornherein gute Sägeblätter verwenden, sonst ärgern Sie sich über ständiges Stumpfwerden und Reißen der Blätter. Außerdem kann die Rückseite des Holzteiles ausreißen, sodass Sie sehr viel zu schleifen haben. Für die Innenausschnitte benötigen Sie Sägeblätter, die nur zum Festspannen gedacht sind, sonst bekommen Sie sie eventuell nicht durch das vorgebohrte Loch hindurch. Weitere Materialien, die benötigt werden, sind

✦ Bleistift und Radiergummi
✦ Kopier- und Schreibpapier zum Abpausen der Vorlagen, Pappe
✦ Schere
✦ Schleifpapier in Kornstärke 120 und 180
✦ Feilen: Verschiedene kleine runde und eckige gibt es oft im Sechserpack.
✦ Lackstift: ein dünner schwarzer reicht. Achten Sie darauf, dass er für Holz geeignet ist (erhältlich im Hobbyfachhandel). Prüfen Sie dies an einem kleinen Probestück. Vor allem die Verträglichkeit mit Leinöl sollten Sie testen, damit die Farbe nicht verwischt. Sollten Sie keinen holzverträglichen Stift finden, können Sie auch Bastelfarbe verwenden. Der Pinselauftrag wird nur wahrscheinlich etwas dicker ausfallen.

✦ Leinöl und Terpentinersatz im Verhältnis 1:1 gemischt
✦ Acrylfarben und Klarlack, welche für Holz geeignet sind
✦ 20er Borstenpinsel
✦ Leim
✦ kleine Schraubzwingen
✦ Bohrmaschine mit Holzbohrer
✦ Bohrer mit 42 mm Durchmesser (Bohrscheibe)
✦ Holzschrauben: Spax 3 x 25
✦ Häkchen zum Aufhängen (auch Holzschraubösen genannt)

✦ Holz: In Baumärkten können Sie sich günstig Kiefern- oder Fichtenplatten besorgen. Sie sind in der Regel 18 mm dick und lassen sich leicht sägen. Achten Sie unbedingt auf gutes Material. Wenig Äste und Harzgallen erleichtern Ihnen die Arbeit. Auch sollten die Platten gerade und nicht verbogen sein. Mögen Sie gerne andere Holzsorten, z. B. Buche, Esche oder Eiche (die sich allerdings erheblich schwerer sägen lassen), müssen Sie sich schon ein wenig bemühen, um eine Quelle zu finden. Vielleicht haben Sie ja einen netten Schreiner in der Nähe, bei dem hin und wieder Reststücke dieses Materials abfallen. Diese sollten aber nur eine Stärke von 14 bis 16 mm aufweisen.

Grundanleitung

Übertragen der Motive
Nachdem Sie das Motiv ausgesucht haben, pausen Sie es ab, indem Sie Papier und Kohlepapier unter den Vorlagebogen legen und die Linien des Motivs nachziehen. Nun können Sie das Motiv direkt ausschneiden und als Schablone benutzen oder erst noch auf Pappe kleben, sodass die Schablone fester und haltbarer ist. Dies empfiehlt sich vor allem bei Teilen, die sehr viel Innenausschnitt haben, wie z. B. dem Schmetterling. Verwenden Sie ein gutes Stück Holz, und legen Sie die Schablone auf, die mit einem weichen Bleistift umfahren wird. Das Motiv sollte so aufgezeichnet werden, dass dünne Teile, die leicht abbrechen können, längs mit der Maserung laufen. Beachten Sie hierzu die auf den Vorlagen eingezeichneten Pfeile. Bei den Teilen mit viel Innenausschnitt ist der Maserverlauf egal, da einige Bereiche der Figur immer im Querverlauf liegen werden.

Sägen
Wenn das Motiv auf das Holz übertragen ist, können Sie es bei großen Holzstücken mit der Stichsäge erst einmal grob aussägen, oder Sie beginnen gleich mit der Laub- oder Dekupiersäge. Schieben Sie bei der Dekupiersäge nicht zu schnell, damit sich das Sägeblatt nicht verdreht, sondern frei schneiden kann. Sägen Sie erst die Außenkanten. Für die Innenausschnitte bohren Sie ein Loch, spannen das Sägeblatt aus, fädeln es durch das Loch und spannen es wieder ein. Nun kann das Innenteil ausgesägt werden.

Schleifen
Nachdem das Werkstück ausgesägt ist, muss es noch geschliffen werden. Über die flachen Seiten sollten Sie nur im Maserverlauf schleifen, sonst bekommen diese Flächen unschöne Kratzer ins Holz. Schleifen Sie auf alle Fälle die Kanten. Wenn Sie mögen, können Sie diese auch ganz rund schleifen. Manchmal wirkt die Figur dadurch noch gelungener. Profis benutzen für diese Zwecke eine Oberfräse. Für die Innenflächen eignen sich kleine Feilen hervorragend.

Bemalung
Wenn diese Arbeiten erledigt sind, können die Figuren mit den Zeichnungen versehen und angemalt werden. Bei Werkstücken, die angemalt werden, sollten Sie immer erst eine Malprobe auf einem Reststück machen, um zu sehen, wie die Farben auf dem Holz verlaufen. Zum Befestigen auf den Bodenplatten geben Sie etwas Leim auf die Klebeflächen, und spannen Sie beide Teile mit einer Schraubzwinge zusammen. Wenn die Standflächen groß genug sind, können Sie sie auch festschrauben. Bohren Sie hierzu ein Loch in die Bodenplatte, fügen Sie die Schraube ein, und schrauben Sie sie dann fest. Sehr hilfreich

bei diesen Arbeiten ist es, wenn Sie die Figur in einem Schraubstock festklemmen können und die Bodenplatte von oben aufschrauben. Bei den Hängefiguren wird für die Aufhängung ein kleines Häkchen eingeschraubt oder ein Loch gebohrt. Finden Sie hierfür die richtige Stelle, indem Sie Ihr Werkstück zwischen zwei Fingern halten, bis es gerade hängt. Nun ist Ihre Figur so gut wie fertig. Sie braucht nur noch geölt oder mit Klarlack behandelt zu werden. Bevor Sie dies tun, sollten Sie wieder eine Probe auf einem Reststück machen, denn nicht alle Farben und Lacke vertragen sich, und es kann zu unschönen Farbverläufen kommen. Wenn Sie Leinöl verwenden, sollten Sie einen sauberen Lappen zum Festhalten des Werkstückes benutzen und anschließend das überflüssige Öl damit abwischen.

Stehfiguren

1. Kuh

Material
- Massivholzplatte
- Leim
- Holzschraube: Spax 3 x 25
- Holzfarbe in Schwarz, Weiß, Rosa und Beige
- Klarlack

Anleitung

Zum Leben auf dem Lande gehört natürlich die „Schwarzweißgescheckte". Dieses freundliche Exemplar der Gattung Milchkuh lässt sich ganz einfach nacharbeiten. Sägen Sie zuerst den Körper, Kopf und die Bodenplatte aus und schleifen Sie alle Teile gründlich ab. Anschließend bemalen Sie zuerst die einzelnen Körperteile der Kuh, bevor Sie den Kopf auf den Körper leimen. Wenn auch Ihre Kuh die schwarzweißen Schecken tragen soll, testen Sie bitte zuerst die Verträglichkeit der schwarzen Farbe mit dem Lack. Auch wenn sich der Lack sonst mit anderen Farben der gleichen Firma verträgt, kann sich die schwarze Farbe durch die Lackschicht nämlich auflösen. Warten Sie dabei nach dem Probemalen ruhig ein paar Stunden ab, denn manchmal zeigt sich erst später die Unverträglichkeit von Farbe und Lack.

2. Hühnerpaar

Material
- Massivholzplatte
- Bohrer
- Holzfarbe in Blau, Rot und Schwarz
- Klarlack

Anleitung

Was gibt es Passenderes, als seine Frühstückseier direkt vom Erzeuger serviert zu bekommen!
Sägen Sie ein Huhn und einen Hahn nach den Vorlagen für den Hühnerkranz aus, und malen Sie die Kämme, Schnäbel und Füße wie abgebildet farbig an. Für die Platte sägen Sie einen Kreis mit einem Durchmesser von ca. 18 cm aus und bohren mit einem Bohrer (42 mm) so viele Löcher in die Platte, wie Sie Eier hineinstellen möchten. Leimen Sie die Hühner auf, und lackieren Sie die gesamte Arbeit abschließend, damit sie nicht so schmutzempfindlich ist und auch schon einmal abgewischt werden kann.

3. Schafe

Material
- ✦ Massivholzplatte
- ✦ Lackstift in Schwarz
- ✦ Leim
- ✦ Holzschraube: Spax 3 x 25
- ✦ Leinölmischung

Anleitung

Beim Landleben darf es nicht fehlen: das Schaf. Es ist so einfach gehalten, dass es Ihnen bestimmt auf Anhieb gelingen wird. Sie brauchen es nur in der gewünschten Größe auszusägen, anschließend zu schleifen und die Augen sowie das Maul nachzumalen.

Zur Sicherheit sollten Sie es ruhig festschrauben. Bohren Sie dafür ein Loch in die Bodenplatte, und fügen Sie dort die Schraube ein. Danach können Sie Ihr Schaf noch ölen.

4. Gans

Material
- Massivholzplatte
- Holzschraube: Spax 3 x 25
- Lackstift in Weiß und Schwarz
- Leinölmischung
- Schleifenband

Anleitung
Das Gänsemotiv erfreut sich seit Jahren gleichbleibend hoher Beliebtheit und passt zu jeder Jahreszeit.

Wenn Sie die Gans und die Grundplatte ausgesägt haben, schleifen Sie die Flächen und die Kanten sauber und möglichst rund. Wenn Sie mit der Bemalung der Augen, die lediglich aus einem schwarzen und weißen Punkt bestehen, fertig sind, leimen und schrauben Sie das Tiermotiv mit seiner Grundplatte zusammen. Danach erhält die Gans noch ein Schleifenband um den Hals und braucht nur noch einen schönen Platz zum Aufstellen.

5. Entchen

Material
- Massivholzplatte
- Lackstift in Schwarz
- Leim
- Leinölmischung

Anleitung
Im Frühjahr und Sommer wimmelt es auf dem Lande nur so vor Nachwuchs. Vorwitzige Sprösslinge wie dieses kleine Entchen wollen es den Großen natürlich gleichtun und mitmaschieren.
Achten Sie beim Aussägen der Entchenfigur unbedingt auf die Holzmaserung, denn sie sollte längs im Standbein verlaufen, da dieses sonst sehr leicht abbricht. Nach dem Aussägen, Schleifen und der Bemalung wird die Entchenfigur auf die eiförmige Bodenplatte geleimt und danach abschließend geölt.

6. Meister Lampe

Material
✦ Massivholzplatte
✦ Holzfarbe in Rot und Blau
✦ Klarlack

Anleitung
Meister Lampe ist recht einfach zu arbeiten, nur beim Bemalen müssen Sie etwas Geduld mitbringen. Sägen Sie zuerst die Hasenfigur mit den Innenschnitten aus. Die Bodenplatte misst 15 x 6 cm. Nach dem Aussägen schleifen Sie alles gründlich ab. Bei der Bemalung beginnt man zuerst mit dem Gesicht. Danach malt man die Kleidung wie abgebildet auf, wobei man auf Details wie Knöpfe und Kragen achten sollte. Wenn die Farbe gut durchgetrocknet ist, leimt man den Hasen auf der Bodenplatte auf und lackiert ihn abschließend.

7. Hasenhaus

Material
- Massivholzplatte
- Holzschrauben: Spax 3 x 25
- Holzfarbe in Grün, Gelb, Braun, Mittel- und Dunkelblau
- Leim
- Klarlack

Anleitung
Sägen Sie für dieses dekorative Hasenhaus zuerst alle Teile im Außenschnitt aus, und beginnen Sie danach erst mit den Innenausschnitten. Anschließend schleifen Sie alle Teile und Kanten sorgfältig ab, wobei Sie darauf achten sollten, dass die Außenkanten des Eis möglichst rund werden sollten. Nun malen Sie die Fenster- und Türkanten braun an und die kleinen Grashalme und Buchsbäume grün. Die Hasen bemalen Sie gleichfalls, und wenn alle Farben gut durchgetrocknet sind, schrauben und leimen Sie das Eihaus auf die Grundplatte und leimen das Hasenpaar davor fest. Ganz zum Schluss lackieren Sie die ganze Arbeit zum Schutz noch einmal über.

8. Hühner

Material
- Massivholzplatte
- Holzschrauben: Spax 3 x 25
- Leim
- Lackstift in Schwarz und Weiß
- Leinölmischung

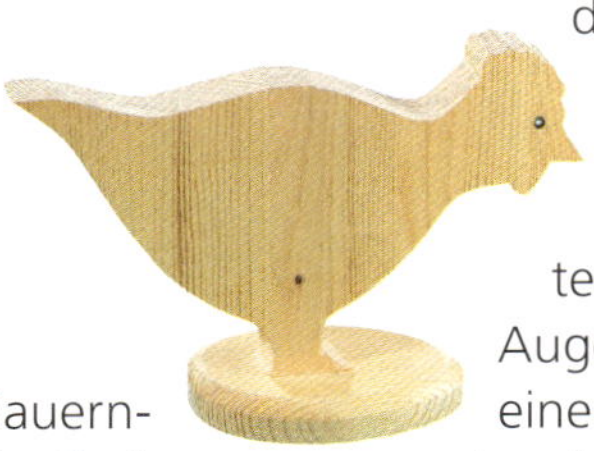

Anleitung

Zu jedem gut bestückten Bauernhof gehört natürlich das liebe Federvieh. Auch dieses Paar ist ganz einfach herzustellen und findet vielfältige Verwendung auf der Fensterbank, dem Frühstückstisch oder auch in der Osterzeit. Sägen Sie zunächst einfach die Hühner sowie die beiden Grundplatten mit einem Durchmesser von 8 cm gemäß dem Vorlagebogen zu, und schleifen Sie an allen Teilen sorgfältig die Kanten. Dann bekommt jedes Huhn sein Auge mit einer schwarzen Pupille und einem weißen Augenpunkt aufgemalt. Anschließend leimen und schrauben Sie die Hühner und die Grundplatten zusammen und ölen die fertigen Stücke.

9. Eierteller

Material
- Massivholzplatte
- Bohrer
- Leim
- Lackstift
- Leinölmischung oder Klarlack

Anleitung

Möchten Sie Ihren Eierteller nicht immer mit Hühnern oder Hasen bestücken, so können Sie es jetzt einmal mit einem Schaf probieren. Auch hier sägen Sie zuerst eine runde Grundplatte gemäß der Vorlage aus, in die Sie 5 Löcher mit einem Durchmesser von ca. 4 cm bohren. Dann sägen Sie ein kleines Schaf aus und schleifen anschließend alle Kanten und Flächen. Das Schaf bekommt einen Punkt als Auge, ein Ohr und Maul eingezeichnet und wird anschließend mit Leim auf dem hinteren Tellerabschnitt befestigt. Die abschließende Behandlung mit Leinöl oder Lack vollendet Ihre Arbeit.

10. Ziegenböckchen

Material
- Massivholzplatte
- Lackstift in Schwarz
- Leim

Anleitung
Dieser kleine Ziegenbock ist ziemlich anspruchslos, ein schönes Plätzchen auf der Fensterbank reicht vollkommen, um ihn in das rechte Licht zu rücken. Sägen Sie sowohl das Tiermotiv als auch die Grundplatte gemäß der Schablone aus, und schleifen Sie beide Teile sorgfältig ab. Mit dem Lackstift zeichnen Sie nun das Gesicht der Ziege auf und leimen beide Holzteile zusammen.

11. Blumenstrauß

Material
- Massivholzplatte
- Holzschraube: Spax 3 x 25
- Holzfarbe in Rot, Gelb, Hell- und Dunkelgrün
- Leim
- Klarlack

Anleitung

Ein bunter Blumenstrauß als Fensterbankdeko bringt Farbe in Ihre Wohnung.

Alles, was Sie hierfür brauchen, ist etwas Zeit, um die Bodenplatte und den Strauß gemäß der Vorlage zu übertragen, auszusägen und zu schleifen. Danach bemalen Sie das Motivteil gemäß der Abbildung von beiden Seiten.

Nachdem die Farben getrocknet sind, leimen und schrauben Sie die Vase auf der Bodenplatte fest. Das abschließende Lackieren mit Lack macht Ihren Strauß unempfindlicher.

12. Gartenhaus

Material
- Massivholzplatte
- Holzschraube: Spax 3 x 25
- Holzfarbe in Braun, Rot, Gelb, Schwarz und Weiß, Hell- und Dunkelgrün
- Leim
- Zierbuchsbaumranke

Anleitung
Sägen Sie das Gartenhaus gemäß der Vorlage aus, und bohren Sie die Innenausschnitte vorsichtig an. Sägen Sie die Innenausschnitte gemäß der Schablone aus, und schleifen Sie das Teil mit allen Kanten gründlich ab. Die Formvorlage für die kleinen Buchsbäume finden Sie beim Motiv Hasenhaus und auch bei der Wäschefrau. Bei der Bemalung richten Sie sich bitte nach der nebenstehenden Abbildung.
Wenn die Farben gut durchgetrocknet sind, leimen und schrauben Sie das Haus auf die Bodenplatte und kleben die Bäumchen davor. Schön sieht es aus, wenn Sie eine kleine Buchsbaumranke dekorativ am Haus drapieren.

13. Wäschefrau

Material
- Massivholzplatte
- Holzfarbe in Braun, Gelb, Weiß, Rot, Blau, Pink und Grün
- Dünne Schnur
- Stoffreste
- 2 Holzrundstäbe ∅ 5 cm, 16 cm lang

Anleitung
Für das Motiv der Wäschefrau braucht man ein wenig Zeit. Sägen Sie zuerst alle Teile aus, und bohren Sie dann die Rundstäbe etwas schräg in die Grundplatte ein. Leimen Sie sie fest. Am oberen Ende bringen Sie eine kleine Kerbe an und spannen die Schnur als Wäscheleine auf. Kleben Sie die Schnur vorsichtshalber auch an den Stäben noch einmal fest. Nun malen Sie die Wäschefrau, den Korb, die Katze und die Buchsbäume wie abgebildet farbig an. Aus den Stoffresten schneiden Sie kleine Wäschestücke zu, die auf der Leine geleimt werden. Dann platzieren Sie noch die Katze, den Korb und die Buchsbäume an den Seiten und leimen diese gleichfalls fest.

Figuren zum Aufhängen

14. Tulpe

Material
- Massivholzplatte
- Holzschraube: Spax 3 x 25
- Leim
- Leinölmischung oder Klarlack

Anleitung

Diese grazile Tulpe wirkt vor allem durch ihre Innenausschnitte und durch die natürlich wirkende Optik des Materials. Sägen Sie zuerst die äußeren Umrisse nach, und bohren Sie für jeden Innenausschnitt ein Loch, durch das Sie das Sägeblatt fädeln. Nun können Sie die Innenteile aussägen.

Danach schleifen Sie alle Innen- und Außenkanten sorgfältig ab. Wenn Sie die Blume nur aufhängen möchten, sägen Sie den Stiel ein wenig schräg ab. Ansonsten leimen und schrauben Sie die Tulpe auf eine runde Grundplatte und lackieren oder ölen sie abschließend.

15. Margerite

Material
✦ Massivholzplatte
✦ Leinölmischung
✦ Band

Anleitung
Dieser naturbelassene Anhänger kommt in einfacher Blumenform besonders gut zur Geltung.

Sägen Sie die Margerite als Ganzes aus. Verwenden Sie dafür die Grundform auf dem Vorlagebogen. Dann bohren Sie für jeden Innenausschnitt ein Loch, durch das Sie das Sägeblatt fädeln. Nun können Sie die Innenteile aussägen. Schleifen und ölen Sie die Blume, und ziehen Sie für die Aufhängung das Band durch einen der Innenausschnitte.

16. Schmetterling

Material
- ◆ Massivholzplatte
- ◆ Leinölmischung
- ◆ Band

Anleitung
Dieser Schmetterling ist durch seine kleinen Innenausschnitte etwas ganz Besonderes. Die Mühe lohnt sich! Sägen Sie zuerst den Schmetterling mit den Außenkonturen aus. Lassen Sie die Fühler dabei noch aus, sie sind so zart, dass sie beim Hin- und Herdrehen abbrechen könnten. Bohren Sie dann kleine Löcher für die Innenausschnitte, die Sie nun aussägen können. Fädeln Sie dafür das Sägeblatt durch die Bohrlöcher. Wenn Sie alle Innenausschnitte ausgesägt haben, schleifen Sie die Kanten, um den Schmetterling anschließend zu ölen. Zum Schluss befestigen Sie ein Band für die Aufhängung.

17. Apfel und Birne

Material
- Massivholzplatte
- Leinölmischung
- Band

Anleitung

Auch Obstmotive gehören zum Landhausstil. Den Apfel und die Birne sägen Sie zuerst im Ganzen aus und arbeiten dann an den Innenausschnitten weiter. Bohren Sie dafür für jeden Innenausschnitt ein Loch, durch das Sie das Sägeblatt fädeln.

Dann können Sie das jeweilige Teil aussägen. Wenn Sie mit den Ausschnitten fertig sind, werden die Stücke geschliffen und geölt.

Zur Aufhängung ziehen Sie nur ein Band durch einen Ausschnitt der Schleife.

Kränze

18. Gänsekranz

Material
- Massivholzplatte
- Holzfarbe in Gelb, Rot, Grün und Blau
- 1 Holzgardinenring
- Schleifenbänder
- 5 Holzschraubösen
- Leim, Heißklebepistole

Anleitung

Der Gänsekranz ist nicht schwer zu arbeiten, er braucht nur etwas Zeit. Sägen Sie zuerst einen Ring mit einem Innendurchmesser von ca. 17 cm und einem Außendurchmesser von knapp 24 cm aus. Bringen Sie nach dem Schleifen auf der Innenseite drei Holzschraubösen in gleichmäßigen Abständen an. Nun sägen Sie noch drei kleine Gänse, fünf Blumen und drei Tulpen gemäß der Vorlage aus. Schleifen Sie die Motive, und bemalen Sie sie gemäß der Abbildung. Anschließend arrangieren Sie die Gänse wie abgebildet auf den Ring und befestigen dazwischen immer eine Blume und eine Tulpe. Knoten Sie nunmehr an den Holzschraubösen drei gleich lange Bänder fest, die Sie oben an dem Gardinenring zusammenknoten. In die zwei übrigen Blumen schrauben Sie je eine Holzschrauböse und hängen sie mit einem dünnen Band über den Gardinenring in die Mitte des Kranzes. Unterhalb des Gardinenringes bringen Sie eine Schleife an, mit der Sie eventuell auch einen Knoten verdecken können. Drei weitere Schleifen können Sie außen am Kranzring mit einer Heißklebepistole befestigen.

19. Hühnerkranz

Material
- ✦ Massivholzplatte
- ✦ Bohrer
- ✦ Leim
- ✦ Holzfarbe in Gelb, Rot, Grün und Blau
- ✦ 1 Holzgardinenring
- ✦ Schleifenbänder
- ✦ 5 Holzschraubösen
- ✦ Heißklebepistole

Anleitung
Für den Hühnerkranz sägen Sie zunächst eine Platte mit einem Durchmesser von ca. 18 cm aus und bohren in die Mitte mit einem Bohrer (42 mm) ein Loch. Dann schleifen Sie die Kanten möglichst rund und bringen außen in gleichmäßigen Abständen drei Holzschraubösen an. Sägen Sie nun die Hühner und den Hahn gemäß der Vorlage aus, denen Sie nach dem Schleifen die Schnäbel, Kämme und Füße farbig anmalen. Leimen Sie Ihr Federvieh dann zwischen den Schraubösen auf die Platte. Nun werden an den Schraubösen drei gleich lange Bänder befestigt, die mit einer Schleife versehen oben an dem Gardinenring zusammengeknotet werden.

Tipp: Zum Osterfest können Sie ein großes bemaltes Ei in die Plattenmitte platzieren.

Leuchtfigur

20. Kürbis

Material
- Massivholzplatte, Bohrer
- Holzschraube: Spax 3 x 25
- Leim
- Pergamentpapier, farbig und gewachst

Anleitung
Wollen Sie am 31. Oktober auch Geister, Hexen und Dämonen vertreiben? Dann kann Ihnen dieser Kürbis eine wertvolle Unterstützung hierbei sein. Den Kürbis sägen Sie zuerst im Ganzen aus und arbeiten dann an den Innenausschnitten weiter. Bohren Sie dafür für jeden Innenausschnitt ein Loch, durch das Sie das Sägeblatt fädeln. Dann können Sie das jeweilige Teil aussägen. Wenn Sie mit den Ausschnitten fertig sind und den Kürbis geschliffen haben, hinterkleben Sie die Ausschnitte mit farbigem Pergamentpapier. Sägen Sie anschließend für die Bodenplatte ein Rechteck von 10,5 x 13 cm aus, und bohren Sie mit einem Bohrer (42 mm) eine Vertiefung für das Teelicht in die hintere Hälfte. Nach dem Schleifen leimen und schrauben Sie den Kürbis auf die Platte.

ISBN 3-8241-1152-7
Broschur, 32 S., 2 Vorlageb.

ISBN 3-8241-1153-5
Broschur, 32 S., 2 Vorlageb.

ISBN 3-8241-1052-0
Broschur, 32 S., 2 Vorlageb.

ISBN 3-8241-1188-8
Broschur, 32 S., 3 Vorlageb.

ISBN 3-8241-1121-7
Broschur, 32 S., 2 Vorlageb.

ISBN 3-8241-1163-2
Broschur, 32 S., 2 Vorlageb.

Lust auf Mehr?

Liebe Leserin, lieber Leser,
natürlich haben wir noch viele andere Bücher im Programm.
Gerne senden wir Ihnen unser Gesamtverzeichnis zu.
Auch auf Ihre Anregungen und Vorschläge sind wir gespannt.
Rufen Sie uns einfach an oder schreiben Sie uns.

Englisch Verlag GmbH
Postfach 2309 · 65013 Wiesbaden
Telefon 06 11/9 42 72-0 · Telefax 06 11/9 42 72 30
E-Mail info@englisch-verlag.de
Internet http://www.englisch-verlag.de